CRECE EN INSTAGRAM

Cómo Construir
Una Audiencia
En Instagram,

Posicionarte Como
Expertoy Atraer Un
Flujo Constante
De Nuevos Clientes...

¡Hola!

Querido amigo/a,

Queremos agradecerte por haber confiado en nosotros y apoyarnos al comprar nuestro e-book.

Va a ser un honor para nosotros poder revelarte todos los secretos que nos permitieron conseguir más de 150.000 seguidores en 10 meses.

¡Te deseamos lo mejor!

Índice

09   introducción

01 - Construyendo las bases del éxito

11   Elige un nicho

17   La audiencia

25   Hackeando a tu competencia

33   Eligiendo el nombre de usuario

39   Cómo optimizar tu perfil e historias destacadas.

02 - Branding en Instagram

60   La marca y el posicionamiento

63   La identidad visual

65   Eligiendo el estilo de tu feed

03 - Revelando los secretos del algoritmo

69   Entendiendo el algoritmo

75   Revelando los secretos del algoritmo

83   Los mitos más comunes del algoritmo

89   Lo que nunca debes hacer en Instagram

04 - Contenido para crecer

102   ¿Cuán importante es el contenido?

106   Distintos formatos de contenidos.

108   La importancia del storytelling

111   Algunos tipos de publicaciones

117   La estrategia ganadora de contenidos

132   Las 2 formas de crear contenido

135   La estructura de tu contenido

140   Contenido generado por usuarios

05 - Metricas e interacciones

145   Distintos tipos de métricas e interacciones

06 - Estrategias de crecimiento

153   Cómo utilizar hashtags para crecer

162   La fórmula secreta de interacción para crecer

167   Cómo crecer tu cuenta con colaboraciones e influencers

186   Sorteos y desafíos

191   Publicaciones promocionadas y anuncios en Facebook Ads

Introducción.

Construir un negocio rentable no es una tarea fácil y la mayoría de las personas no hablan de ello.

Posiblemente, pienses que cuando comenzamos nuestro negocio teníamos dinero para invertir.

Nada de eso es verdad. **Comenzamos nuestro negocio con $0.**

Instagram fue el vehículo que nos permitió darnos a conocer y atraer nuevos clientes.

Es por eso, que queremos revelarte todo lo que hicimos para construir una audiencia de **150.000 seguidores en menos de 10 meses, sin invertir 1 solo centavo en publicidad.**

Instagram es una de las mejores plataformas que hay para darte a conocer y construir una audiencia y vamos a darte todas las herramientas para que puedas crecer igual o más rápido que nosotros y así poder empezar a atraer clientes en piloto automático.

¿Estás listo/a para empezar a crecer?

Módulo 01

Construyendo las bases del éxito

Elige un nicho.

> Publicar contenido para todas las personas, es lo mismo que publicar contenido para nadie.

Elegir un nicho es el primer paso para crecer.

Pero antes...

¿Qué es un nicho?

Un nicho es grupo de personas con características similares, que están buscando conseguir un resultado específico.

¿Por qué debemos elegir un nicho?

Cuando recién estás comenzando, elegir un nicho puede ayudarte a crecer, posicionarte y conseguir clientes más rápido.

Te damos un ejemplo:

"Ayudo a personas a conseguir una transformación física".
 vs.
"Ayudo a madres a bajar de peso"

¿Cuál de los dos ejemplos consideras que le llamará más la atención a una madre que acaba de tener un hijo?

Beneficios de elegir un nicho.

- ➢ Mayor facilidad para conseguir resultados.

- ➢ Mayor facilidad para posicionarse como experto.

- ➢ Puedes cobrar más $.

- ➢ Tienes la oportunidad de elegir a tus clientes.

- ➢ Tu marca crecerá más rápido.

¿Cómo elegirlo?

Te recomendamos elegir un nicho dentro de un sector que conoces, con un problema o necesidad específica y que puedas ayudarlos.

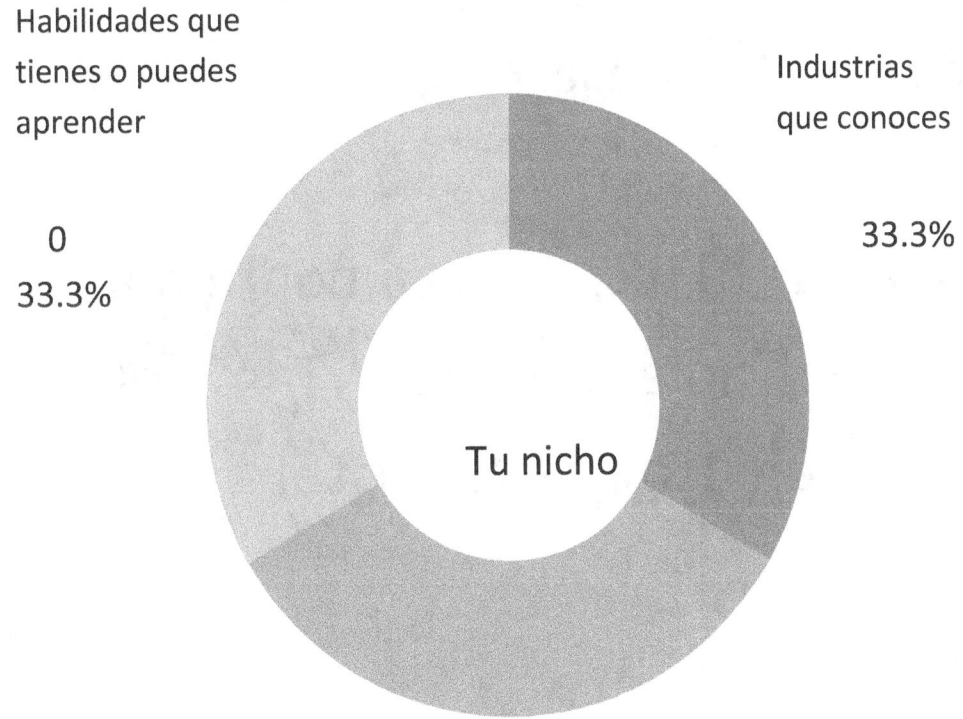

Habilidades que tienes o puedes aprender

0
33.3%

Industrias que conoces

33.3%

Tu nicho

Elemento 2
Necesidades y deseos
de los mercados

Preguntas para definir tu nicho.

¿Me apasiona mi nicho?

¿Tienen dinero y/o están dispuestos a pagar por una solución a sus problemas?

¿Hay competidores en el mercado ofreciendo algo similar?

{ No elijas tu nicho únicamente por el beneficio económico. ¡También debe ser algo que te guste!

¡Ahora te toca a ti!

Define tu nicho.

Completa la siguiente oración:

**Ayudo a _____ (Nicho) a
conseguir _____ (Resultado)
a través de _____ (Producto
o servicio)**

Es muy importante tener claridad sobre
cuál es tu nicho y que les vas a ofrecer.

La audiencia.

Una vez definido tu nicho, el próximo paso es definir quién es tu **audiencia meta**, es decir, a quiénes le vas a estar hablando.

¿A quiénes quieres atraer?

La mayoría de las personas que enseñan sobre Instagram te van a decir que seas lo más específico posible.

Es decir, que solo crees contenido para tu cliente ideal.

Pero para construir una audiencia de forma rápida, esto **no te va a servir.**

Si sos demasiado específico, tus contenidos no van a conseguir buenos resultados rápidamente.

> Tu audiencia va a estar compuesta por mucho más que tus clientes ideales.

De hecho, únicamente un 3% de tu audiencia posiblemente te termine comprando tus productos o servicios.

El otro 97% de las personas van a estar distribuidas entre personas de tu equipo, conocidos, familia, competidores, entre otros.

Tu audiencia:

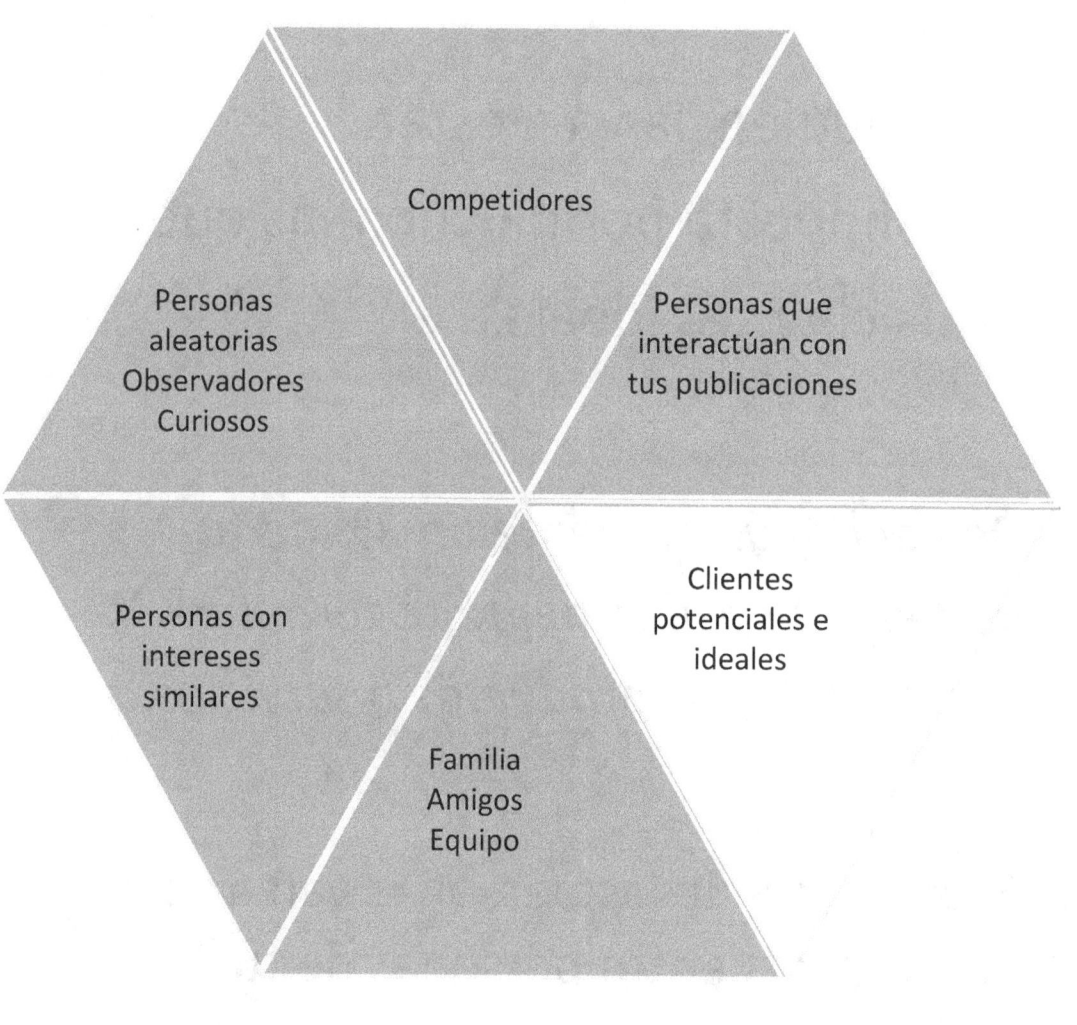

 **No compran**   **Compran**

¿Por qué no enfocarse únicamente en atraer clientes ideales?

Porque de esa forma va a ser imposible hacer crecer tu cuenta.

El **secreto** para crecer en Instagram es construir una audiencia que interactúe con tus contenidos.

Y eso no lo vas a lograr hablándole únicamente al 3% de tu sector que está listo para comprar.

Si quieres construir una audiencia y que las personas interactúen con tus publicaciones, vas a tener que enfocarte en lo que le **interesa o necesita** tu audiencia meta.

¡No nos malinterpretes!

Creemos que Instagram es una increíble plataforma para vender, pero si quieres vender, primero debes enfocarte en construir una audiencia que interactúe, para así poder atraer clientes potenciales y venderles tus productos o servicios.

Seguro estés pensando...
Si solo el 3% de mi audiencia va a
terminar comprando mis productos
o servicios...

"¿Para qué quiero atraer al 97%
restante?"

La respuesta es, porque cada
seguidor tiene valor.

Cada vez que una persona
interactúa con tus contenidos, te va
a estar ayudando de forma directa
o indirecta a hacer crecer tu
audiencia y a atraer potenciales
clientes.

Debes aceptar que el 97% de las personas nunca van a terminar comprando tus productos o servicios, pero si pueden ayudarte a conseguir más seguidores, interacciones y clientes.

¿Cómo funciona esto?

Primero.

Cada vez que una persona te deja un "me gusta", un comentario y/o guarda una de tus publicaciones, va a hacer que el algoritmo reconozca que tu contenido es valioso y se lo muestre a más personas.

Segundo.

Un porcentaje de tu audiencia va a **compartir** tus contenidos, y esto va a hacer que nuevas personas te conozcan, te empiecen a seguir, interactúen y hasta terminen comprando.

Tercero.

Prueba social. Tu número de seguidores e interacciones importa. Si un cliente potencial visita tu cuenta y la de tus competidores, puede ser que una diferencia en seguidores, influya en su decisión de compra.

Hackeando a tu competencia.

La gran pregunta que se hacen la mayoría de las personas es... **"¿Por qué no crezco en Instagram?"**

Al analizar distintas cuentas siempre vemos el mismo problema.

Están tratando de reinventar la rueda en vez de modelar lo que ya funciona.

Las cuentas que ya están posicionadas en tu sector, probablemente probaron todos los formatos y tipos de contenido que te puedas imaginar.

Entonces, ¿Por qué vas a tratar de aprender todo desde cero, si puedes ver exactamente qué es lo que le está funcionando en otras cuentas de tu sector?

Uno de nuestros **grandes secretos** para conseguir más de **150.000 seguidores** en menos de 10 meses fue identificar qué es lo que estaban haciendo las cuentas más grandes de nuestro sector y modelarlo.

Modelamos el tipo de contenido que subían, el formato. **Pero no nos copiamos.** Muchas veces las personas confunden modelar con copiar.

Identificamos patrones comunes en aquello que funcionaba y le dimos **nuestro propio giro.**

¿A quiénes modelamos?

Competidores directos:

Un competidor directo es alguien que vende lo mismo que tú, al mismo mercado.

Competidores indirectos:

Estas son personas que están vendiendo algo distinto, pero que satisfacen la misma necesidad, a tu mismo mercado.

Para eso armamos una lista de más de 10 competidores que estaban teniendo éxito y así pudimos identificar qué cosas tenían en común.

Y para ello ingresamos **palabras clave en el buscador de Instagram.**

¡Veamos algunos ejemplos!

En nuestro caso, al estar dentro del sector de marketing digital y ayudar a dueños de negocios y emprendedores a hacer crecer sus negocios con marketing digital, buscamos palabras clave tales como:

- Marketing digital
- Crecer en Instagram
- Negocios
- Ventas
- Marketing
- Agencia
- Anuncios
- Publicidad
- Facebook Ads
- Google Ads
- Embudos de ventas

Si te encuentras en el sector de fitness por ejemplo, podrías buscar quiénes son todos los referentes de tu sector ingresando distintas palabras claves en el buscador como por ejemplo:

- Fitness
- Ayuno intermitente
- Bajar de peso Programas
- de fitness Perder grasa
- Ganar músculo
- Personal trainer
- Nutrición

¡Ahora es tu turno! Te invitamos a crear tu propia lista.

¿Por qué es tan importante esta lista?

Te va a permitir identificar exactamente qué es lo que está funcionando en tu sector.

Luego, vas a poder centrar tus esfuerzos en ello y conseguir resultados más rápido, sin tener que perder tiempo en lo que no funciona.

Tip:

Puedes usar la función de "cuentas sugeridas" para encontrar nuevos líderes en tu sector.

Eligiendo el nombre de usuario perfecto.

Sin importar cuál sea tu nicho o audiencia meta, llego el momento de elegir el nombre de usuario de tu cuenta.

> El nombre de usuario es el primer punto de contacto que tiene una persona contigo.

Encontrar el nombre de usuario perfecto puede que sea un poco difícil, porque muchas veces los nombres que nos gustan no están disponibles.

Aquí te dejamos algunos consejos para que puedas elegir el tuyo:

01. Incluye palabras claves.

Sin importar si se trata de una marca personal o comercial, siempre es recomendable incluir una **palabra clave dentro del nombre de usuario.**
Por ejemplo, si eres una marca personal, podría ser: @micaelafitness @coachlorena

Si tienes una marca comercial puedes hacer exactamente lo mismo que nosotros con nuestra cuenta

¿Por qué es importante agregar una palabra clave dentro del nombre de usuario?

Por 2 motivos:

El **primero**: incluir una palabra clave dentro del nombre puede ayudarte a que otras personas identifiquen a qué te dedicas.

El **segundo**: Por algo que llamamos SEO.

Con el SEO, tu nombre te va a ayudar a aumentar tus seguidores sin ningún esfuerzo adicional.

Ahora... ¿Qué es el SEO?

SEO

Optimización de los motores de búsqueda

Incluir una **palabra clave** en tu nombre puede ayudarte a aparecer en los primeros resultados de búsqueda cuando una persona busque la palabra clave que tienes en tu nombre en Instagram.

02. Fácil de recordar.

Cuando se trata de tu nombre de usuario, cuanto más fácil sea de recordar, mejor. Si las personas no recuerdan tu nombre, va a ser más difícil que vuelvan a visitar tu perfil.

03. Fácil pronunciar.

No crees un nombre que solo vos puedas pronunciar. La persona que lo lea, lo debe poder pronunciar correctamente.

04. Fácil de escribir.

Para saber si tu nombre es fácil de escribir, pídele a un amigo o familiar que lo escriba.

05. Verifica que esté disponible
en todas las plataformas.

No vas a querer crear tu marca en base a un nombre de usuario que solo se encuentra disponible en Instagram, y no está disponible en el resto de las plataformas.

Te recomendamos que también verifiques si está disponible en Facebook, TikTok, el dominio de la página web, etc.

Una herramienta increíble para revisar esto es: www://namechk.com/.

Cómo optimizar tu perfil e historias destacadas.

La **biografía** es lo primero que ve una persona cuando ingresa a tu perfil.

Cada vez que una persona visita tu perfil, vas a tener **pocos segundos para llamarle la atención y lograr que te siga.**

Si tu biografía no está optimizada, posiblemente las personas que visiten tu perfil, no entiendan a qué te dedicas, y terminen abandonándolo sin seguirte, y no vuelvan a ver tus contenidos.

¿Cuáles son los elementos que componen tu biografía?

Nombre, descripción, foto de perfil, el enlace y las historias destacadas.

El nombre.

El nombre es lo que tenemos en negrita dentro del perfil, por encima de la descripción.

¿Por qué es importante? Puede ayudarte a que personas que no te conocen, te encuentren y a entender de qué trata tu negocio/marca.

Nosotros recomendamos incluir por lo menos 1 palabra clave dentro del nombre.

Si por ejemplo trabajas en el sector del fitness y ayudas a personas a transformar sus cuerpos, podrías utilizar palabras claves como: "Personal trainer"

Es importante saber que una vez que modifiques tu nombre, no vas a poder cambiarlo de nuevo por 14 días.

La descripción.

El objetivo de la descripción es llamarle la atención a las personas que visitan tu perfil, y rápidamente comunicar quién eres o qué haces, cómo puedes ayudarlos ó por qué deberían seguirte, qué te distingue del resto, y el llamado a la acción.

¿Quién eres? / ¿Qué haces?

Puedes empezar contando quién eres o qué eres. Por ejemplo: Personal Trainer , Agencia de Marketing Digital, etc..

¿Cómo puedes ayudarlos?

¿Qué tipo de valor van a recibir al seguirte en tu cuenta?

¿Qué te distingue del resto?

¿Tienes prueba social? ¿Casos de éxito? ¿Testimonios?

Llamado a la acción

¿Qué acción quieres que hagan? ¿Quieres que te contacten? ¿Que compren en tu tienda? ¡Dilo!

Enlace

Puedes agregar un enlace a tu página web, WhatsApp, canal de YouTube, entre otros.

Pro tip:

Instagram, por el momento, solo permite agregar un único enlace en tu biografía, pero afortunadamente, puedes hacer que tu biografía tenga más de un enlace usando herramientas externas como **Linktree**.

¿Para qué puede ser útil tener varios enlaces?

Promocionar otras redes sociales, distintos productos o servicios, entre otros.

Un consejo más...

Puedes incluir emojis delante de cada oración para llamar más la atención.

Veamos un ejemplo:

¿Quién eres? / ¿Qué haces? Ayudo a madres a bajar de peso

¿Por qué deberían seguirte?
Tips de entrenamiento y nutrición

¿Qué te distingue del resto? +50 clientes satisfechos

Llamado a la acción
¡Aprende cómo bajar 5kg en 30 días!

Foto de perfil.

Hay 3 tipos de fotos que podrías utilizar dependiendo el tipo de perfil o cuenta que tengas.

Perfil privado: En este caso, puedes elegir la foto con la que te sientas más cómodo, ya que es algo más personal.

Perfil personal: Te recomendamos usar una imagen que se vea profesional y muestre tu rostro de frente.

Marca comercial o página de nicho: Puedes utilizar un logo o ícono que represente tu negocio.

Ahora...

¿Cómo puedes lograr que tu imagen se vea profesional?

1 La foto debe ser bien nítida.

2 Tu cara debe estar bien iluminada.

3 El fondo puede ser borroso para no distraer.

4 Asegúrate de generar una conexión emocional. ¡Muestra tu sonrisa!

5 La cámara debe apuntar levemente de arriba hacia abajo.

Si tienes una marca comercial o una página de nicho, puedes utilizar tu logo.

Tenemos que hacer que el logo se vea bien, ¿Verdad?

- Debe ser pequeño, pero que no se vea muy chiquito.

- Intenta que sea simple y fácil de recordar.

- Si tu logo queda mal, puedes adaptarlo para que quede bien en Instagram, o poner un ícono / otra imagen.

- Si tiene buen contraste con el fondo, mejor.

Historias destacadas.

Antes de ver qué son las historias destacadas, veamos qué son las **historias**.

Historias:

Las historias son contenidos que permanecen por 24 horas en tu perfil. A su vez, existen diferentes formatos, como boomerangs, fotos, videos, etc.

Las **historias destacadas** son la solución que creó Instagram para todos aquellos que quieren que sus historias queden **fijas** en su perfil, y no y desaparezcan después de las 24 horas.

¿Cómo puedes hacer para crearlas?

PASO 1: Ve a tu perfil de Instagram y toca el círculo con un "+" justo debajo de tu biografía. Se te va a abrir el archivo de historias y vas a poder seleccionar las que quieras marcar como destacadas.

PASO 2: Toca "Siguiente" en la parte superior derecha y elige un título, imagen o ícono como foto de portada. El nombre no puede superar los 15 caracteres.

Los iconos o portadas que elijas para cada una, deben ser relevantes al contenido y llevar la identidad de tu marca.

PASO 3: Pulsa "Añadir" o "Listo" en la parte superior derecha.

En nuestro caso se ven así:

Q&A   Hashtags   Herramien...   Servicios

Ahora que llegamos hasta aquí.

¿Cómo podemos usar las historias destacadas para convertir usuarios en seguidores y conseguir nuevos clientes?

Historia de la marca / ¿Qué hacemos?/ ¿Quién soy ó quiénes somos?

Puedes crear una serie de historias contando la historia de la marca, cómo surgió, el propósito, etc. Esto puede ayudar a generar una conexión con tu audiencia, especialmente si comentas cómo empezaste y cómo llegaste al lugar en el que estás ahora.

Promociones:

Destaca las promociones que tengas vigentes, sin olvidarte de actualizar constantemente las historias destacadas cuando terminen.

Tus servicios o productos:

Es importante que destaques tus productos más vendidos o servicios que ofreces. En caso de que vendas productos, podrás ir actualizándolos basándote en las temporadas y el stock. Si no lo comunicas, puede ser que las personas nunca se enteren de lo que ofreces y no te terminen comprando.

Detrás de escena:

Muéstrale a tus seguidores, cómo compras los materiales para los productos y cómo los fabricas, cómo trabajas con clientes, cómo creas tus contenidos, entre otros.

Resultados / Transformaciones:

Puedes incluir todos los resultados o transformaciones que generaron tus productos o servicios para tus clientes. Esta es una increíble forma de vender, sin vender explícitamente.

Si muestras las transformaciones que lograron tus clientes, tus seguidores empezarán a creer en tus productos y servicios, y van a querer comprarlos.

Equipo:

Puedes presentar a las personas que conforman el equipo responsable de tu marca.

Clientes satisfechos / Testimonios:

Muestra testimonios de tus clientes y recopílalos en tus historias destacadas para que estén visibles en tu cuenta de Instagram. Esta es una excelente forma de generar confianza y prueba social.

Preguntas frecuentes:

Es importante que compartas las preguntas más frecuentes que te hacen tus seguidores y sus respectivas respuestas para despejar dudas de una forma
 rápida y, a la vez, todos tengan acceso a esta información.

Agrupar contenidos por temáticas:

Puedas categorizar tus contenidos por temáticas como: tips, tutoriales, trucos, herramientas, etc. Por ejemplo: Herramientas, Hashtags, Algoritmo, Anuncios, etc.

Eventos:

Comparte los próximos eventos en vivo, conferencias y seminarios.

Módulo 02 Branding

En Instagram

La marca y el posicionamiento.

La marca es el signo distintivo de tu negocio, su función es diferenciarte de tus competidores y agregarle valor al cliente.

Una estrategia increíble para incrementar el valor de tu negocio es crear una marca única e inolvidable, para que las personas puedan identificarte rápidamente, te recuerden y quieran comprarte. Llamamos posicionamiento a cómo perciben tu marca los clientes, es decir, qué se les viene a la mente cuando piensan en tu marca.

Desde nuestra experiencia, no existe mejor forma de construir una marca inolvidable, que centrar tus esfuerzos en que cada usuario se sienta **único, y crear una comunidad de personas que te sigan a todas partes.**

No es lo mismo contar con seguidores que no interactúan con tus publicaciones, a construir una comunidad de seguidores fieles que te siguen a todas partes y no paran de hablar de ti.

Satisfacción de usuarios

Valor de tu marca

 =

Satisfacción de usuarios   **Valor de tu marca**

 =

Nunca debemos dejar de pensar en nuevas acciones para incrementar la satisfacción de las personas.

¡La mejor forma de hacerlo es poniéndose en el lugar del cliente!

Y por otro lado, para que las personas nos reconozcan con facilidad...

Debemos tener una identidad visual de marca única.

La identidad visual.

La identidad visual está compuesta por tus tipografías, colores, y recursos que utilizas para ser reconocido y recordado.

Es importante aclarar que la identidad visual debe mantenerse constante a lo largo de las publicaciones, distintas redes sociales y página web.

En Instagram, un elemento fundamental que toma como referencia la identidad visual de tu marca, es tu feed.

El feed es el cuadrante que incluye todas las publicaciones de tu perfil.

Aquí aparecen todas nuestras publicaciones ordenadas de forma cronológica.

Eligiendo el estilo de tu feed.

El estilo de tu feed también es una de las primeras cosas que mira un usuario cuando visita tu cuenta.

Al igual que cuando hablamos de la biografía, tenemos pocos segundos para llamar la atención de una persona y hacer que nos siga.

Si queremos aumentar nuestro crecimiento, necesitamos que nuestro feed se vea lo más atractivo y profesional posible.

¡Ahora te toca elegir un feed!

Veamos algunos ejemplos de feeds:

Feed ajedrez

En este feed elegimos dos colores principales y publicamos de forma tal que termine formando un tablero de ajedréz.

Feed colores

Consiste en intercalar los distintos colores de tu paleta para lograr un estilo dinámico y divertido.

Feed vertical

Uno de los más fáciles de usar. Solo tienes que definir un color para cada una de las 3 columnas del feed.

Feed arcoiris

Con este diseño se busca publicar fotos con distintos colores de tal forma que terminen formando un arcoíris.

Feed horizontal

Puedes lograr este estilo publicando 3 contenidos con un mismo color, 3 con otro, etc.

Módulo 03 Revelando los secretos del algoritmo.

Entendiendo el algoritmo.

> "Si quieres crecer, debes entender cómo funciona el algoritmo de Instagram"

No tiene sentido seguir leyendo este e-book sin antes haber establecido las bases de tu cuenta.

¡Asegúrate de haber implementado lo que vimos anteriormente antes de continuar!

¿Quieres saber cómo "manipular" el algoritmo para crecer?

Antes, necesitamos entender...

¿Qué es el algoritmo?

El algoritmo es el "cerebro" de la plataforma y está diseñado para ofrecer la mejor experiencia posible a cada uno de sus usuarios y así poder retenerlos la mayor cantidad de tiempo posible.

¿Por qué quiere retener a los usuarios?

Instagram como toda empresa tiene como objetivo ganar dinero.

¿Cómo hace Instagram para ganar dinero?

Vendiéndole espacios publicitarios a anunciantes dentro de la plataforma. Y para hacerlo, necesita usuarios que miren esos anuncios.

Cuantos más usuarios usen la plataforma, más anuncios van a poder mostrar y por ende más dinero van a poder ganar.

Instagram necesita atraer usuarios y que se queden dentro de la plataforma consumiendo contenidos para ganar dinero.

Entonces,

¿Cómo hace para atraer a la mayor cantidad de usuarios posible, y que se queden dentro de la plataforma?

#1: Mejorando la experiencia del usuario.

Instagram trabaja día a día para hacer que la plataforma sea lo más entretenida y fácil de navegar posible.

#2: Incentivando a los creadores de contenido a crear buen contenido.

Instagram necesita contenidos para retener a los usuarios y hacer que interactúen entre sí.

Si fueras Instagram, ¿Qué contenidos le mostrarías a los usuarios para que se queden?

¡Los contenidos que mejor funcionan!

Es por esto que los mejores contenidos, son los que más alcance tienen.

¡Aquellos creadores de contenidos y publicaciones que ayudan a cumplir el objetivo de la plataforma, serán recompensados!

#3: Agregando nuevas funcionalidades.

Instagram tiene competidores, y para no quedarse atrás, debe actualizar sus funcionalidades para así poder competir.

En un principio creó las historias para competir contra Snapchat, luego Instagram TV para competir contra YouTube...

Y ahora lanzó Instagram Reels para competir contra TikTok.

¡Instagram premia a aquellos usuarios que utilizan las nuevas funcionalidades! Aprovéchalo.

Revelando los secretos del algoritmo.

A continuación te mostraremos cómo puedes ganar mayor exposición en las distintas ubicaciones de Instagram.

1-Posicionamiento en los resultados de búsqueda

¿Cómo hace Instagram para decidir qué cuentas mostrar cuando una persona busca una palabra clave?

Posiblemente, aquellas cuentas que incluyan esas palabras claves dentro de su nombre de usuario, nombre, biografía, y si existen varias cuentas que están optimizadas para esas palabras claves, aquellas que un mayor % toquen en el perfil, y pasen más tiempo dentro del mismo.

2-Posicionamiento por cuentas sugeridas

Cada vez que un usuario empieza a seguir una cuenta, Instagram le recomienda cuentas similares que podrían llegar a interesarle para que siga.

Pero, **no cualquier cuenta.**

Existen cientos de cuentas relacionadas. ¿Cómo hace para elegir qué cuentas mostrar y cuáles no?

La respuesta es la misma que antes. Instagram premia a aquellas personas que hacen que otras personas pasen tiempo en la plataforma e interactúen.

Para aparecer como cuenta sugerida, vas a necesitar publicar contenido valioso de forma constante para que el algoritmo recompense tu cuenta.

3-Posicionamiento en el inicio

Cuando publicas, tu publicación se le va a mostrar en el inicio a otras cuentas que te siguen. Instagram no le muestra el contenido a toda tu audiencia, sino únicamente a una porción.

Va a empezar mostrándole tu contenido a aquellos seguidores que pasan más tiempo interactuando con tu cuenta y/o considera que puede interesarle tu publicación.

Cuantas más personas interactúen con tus contenidos, a más personas se los va a mostrar.

4-Posicionamiento por hashtags

Los usuarios también pueden seguir hashtags y así poder ver en su sección de inicio contenidos de cuentas que no están siguiendo.

Si vas a la sección explorar en Instagram y buscas algún hashtag en particular te van a aparecer dos categorías.

Por un lado, podrás visualizar las **publicaciones recientes** que utilizaron ese hashtag, y, por otro lado, las **publicaciones destacadas** para ese hashtag.

En **"recientes"** van a aparecer las últimas publicaciones que incluyen ese hashtag.

Dentro de **"destacados"** van a aparecer las publicaciones con mejor rendimiento que incluyen ese hashtag.

5- Posicionamiento en la sección explorar

Nuestro objetivo como creadores de contenido es que nuestras publicaciones se muestren en la sección explorar.

Esta es la forma más rápida de crecer dentro de la plataforma, pero a su vez la más difícil.

¿Por qué es difícil aparecer en la sección explorar?

Porque vas a estar compitiendo con todas las publicaciones de todas las cuentas.

Para lograrlo, tus publicaciones deben hacer que los usuarios pasen más tiempo e interactúen más que con el resto de las publicaciones de las demás cuentas.

¡Esto lleva su tiempo!

6 - Posicionamiento en Instagram Shopping

Si vendes productos, puedes utilizar esta sección para llegar a personas que no te conocen.

Si quieres tener más oportunidades de aparecer en Instagram Shopping, te recomendamos usar imágenes de alta calidad, crear colecciones de productos, crear guías de tus productos y hacer videos.

¡No te olvides de etiquetar tus productos siempre y cuando sea posible, ya que puede ayudarte a darte a conocer en esta sección.

Los mitos más comunes del algoritmo.

Mito 1:

"El algoritmo no me quiere, y por eso no muestra mis publicaciones."

Esto es falso. El algoritmo trata de darle la mejor experiencia al usuario posible, lo que significa que si tu contenido no está teniendo alcance, es porque tienes que mejorarlo.

Mito 2:

"Necesitas publicar todos los días para crecer."

No es obligatorio, pero si es recomendable.

Mito 3:

"La clave está en conseguir la mayor cantidad de interacciones en los primeros 30 minutos."

No es así. El alcance de tu publicación no va a depender del rendimiento en los primeros 30 minutos, sino del rendimiento total de la publicación a lo largo de los primeros días.

Mito 4:

"Si tengo una cuenta personal voy a tener más alcance que si tengo una cuenta de negocios."

Falso. Todas las cuentas tienen el mismo alcance.

Mito 5:

"Si uso 30 hashtags, voy a tener menos alcance."

Falso. Las publicaciones que mejor nos funcionaron tenían 30 hashtags. Si Instagram permite que incluyas 30 hashtags por publicación, es porque puedes hacerlo.

Mito 6:

"Los hashtags no funcionan."

Esto no es verdad. Tenemos publicaciones que llegaron a generar miles de impresiones con hashtags.

Mito 7:

"No puedes crecer sin invertir en publicidad, todos los nichos están saturados."

Esto es completamente mentira. Si implementas los conceptos que vas a ver en este ebook y eres constante, vas a ver resultados.

Mito 8:

"Si editas los textos después de publicar, vas a tener menos alcance."

Esto no es verdad, editar un contenido luego de publicarlo no va a reducir su alcance.

Mito 9:

"Los comentarios largos tienen mayor "valor" que los cortos."

Todos los comentarios tienen el mismo valor, sin importar la cantidad de caracteres.

Mito 10:

"Usar historias me va a ayudar a hacer crecer mi cuenta."

Completamente falso. Las historias pueden ayudarte a fidelizar tu audiencia y generar ventas, pero no te van a ayudar a atraer nuevos usuarios al perfil.

Es importante entender que muchas personas basan sus recomendaciones en base a su experiencia. Instagram no resolvió muchas de estas dudas.

Lo que nunca debes hacer en Instagram.

Instagram está haciendo todo lo posible para que las interacciones dentro de la plataforma sean lo más real posible, y para ello, penaliza a aquellos usuarios que implementan malas prácticas.

Si estás cometiendo alguno de estos errores, te recomendamos que no lo hagas más.

Estas acciones pueden perjudicar tu crecimiento.

Malas prácticas:

Número 1

Comprar seguidores

Comprar seguidores puede destruir tu cuenta por completo.

¿A qué se debe esto? Esos seguidores no van a interactuar con tus publicaciones y va a hacer que tu tasa de interacción disminuya.

Esto puede limitar tu crecimiento orgánico aún más.

Los seguidores falsos no te van a ayudar a crecer, van a frenar tu progreso.

Número 2

Comprar cuentas con miles de seguidores y cambiarlas por completo

Si compras una cuenta por el simple hecho que tenga seguidores y de un día para el otro le cambias el nombre y empiezas a publicar contenido completamente distinto, **esos seguidores viejos no van a interactuar contigo** porque posiblemente hayan empezado a seguir esa cuenta por el contenido que publicaba anteriormente.

Número 3

Seguir y dejar de seguir

Esto puede darte algunos seguidores en el corto plazo. El problema es que va a atraer seguidores que siguen a aquellas cuentas que los siguen, pero eso no quiere decir que estén interesados en tus contenidos o tus productos / servicios.

Número 4

Utilizar bots

Usar bots automatizados que siguen y dejan de seguir cuentas, puede hacer que Instagram bloquee tu cuenta. ¡No utilices bots!

Número 5

Hacer spam

No vas a vender más por mandar mensajes masivos anunciando tus productos o servicios. Si quieres vender más debes utilizar estrategias de venta reales que funcionan.

El "spam" cada vez causa más rechazo entre los usuarios. Y lo peor de todo es que puede hacer que algunos usuarios te dejen de seguir, te bloqueen o incluso te denuncien (y si hay muchas denuncias, Instagram podría penalizarte o eliminar tu cuenta).

Ni hablemos de las personas que se pasan por otras cuentas o envían mensajes privados rogando que los sigas. Si no estás aportando nada más que spam, ¿Por qué una persona empezaría a seguirte?

Número 6

Grupos de interacción

Los grupos de interacción son grupos en donde las personas interactúan con otras personas de forma forzada. En estos grupos, las personas se apoyan entre sí, interactuando con todas las publicaciones de los miembros.

Esto puede darte algunos resultados en el corto plazo, pero no te va a permitir saber si tu contenido realmente está funcionado.

¡No recomendamos depender de grupos de interacción! Es mejor aprender a crear buen contenido orgánico que te ayude a crecer.

Número 7

Copiar el contenido de otros

No solo por temas legales (porque muchos contenidos tienen copyright), sino por la imagen de tu marca.

Los usuarios que están interesados en tus contenidos, no solo siguen a una cuenta, sino que siguen a varias. ¿Crees que si copias el contenido de otra cuenta, no van a enterarse?

Si consideras que el contenido de otras cuentas puede aportar valor a tu audiencia y quieres usarlo como parte de tu contenido, ¡Pídele permiso para usarlo y dale crédito en la publicación!

Número 8

No contestar comentarios

Instagram es una red social. Fue pensada para que las personas interactúen.

Si saludás a un vecino 1, 2, 3 veces y no te saluda de vuelta, ¿Cuánto tiempo más vas a seguir saludándolo?

Algunas personas, por el simple hecho de no contestarle un comentario, van a dejar de comentar tus publicaciones para siempre.

Si los usuarios se sienten escuchados, valorados y se les contesta, tendrás más comentarios en tus publicaciones, y, por lo tanto, más exposición.

Número 9

Etiquetar de forma masiva

Muchas veces nos llegan notificaciones de una mención, y cuando ingresamos, nos damos cuenta de que nuestro nombre de usuario aparece en una publicación o en una historia que no tiene nada que ver con nosotros.

La verdad es que, si etiquetas a una persona en tu publicación o en tu historia simplemente porque tienes ganas, aunque no haya relación alguna, no vas a recibir más me gustas, comentarios, o nuevos seguidores.

Número 10

Dejar muchos "me gusta" seguidos

No recomendamos dar muchos "me gusta", en poco tiempo y repetirlo varias veces al día.

Sinceramente, si haces esto, Instagram puede terminar considerándote como "spam".

¡Contrólate y no dejes más de 60 comentarios por hora!

¿Qué ocurre si incumples los términos y condiciones de Instagram?

Según las condiciones de uso:

Instagram puede limitarte a realizar ciertas acciones, limitar el alcance de tu cuenta, y hasta cerrarla.

Para más información, vas a poder leer **las condiciones de uso de Instagram.**

Módulo 04

Contenido

para crecer.

¿Cuán importante es el contenido?

Ahora que ya estableciste tus bases para tener éxito y entiendes cómo funciona el algoritmo y todos sus secretos, vamos a hablar del famoso contenido.

El contenido es un pilar clave para hacer crecer tu cuenta de Instagram. **Sin buen contenido, no vas a crecer.**

"El contenido es el rey."

Este es el capítulo más importante de este e-book. **¡Presta atención!**

La mayoría de las personas y marcas fallan en este punto.

Si no centras tus esfuerzos en crear y publicar contenido que las personas quieren ver, va a ser mucho más difícil conseguir interacciones y nuevos seguidores.

Si quieres crecer, vas a tener que publicar **buen contenido,** de **forma constante.**

¿Por qué es tan importante el contenido para construir una audiencia?

Por varias razones...

1.Si tu cuenta está vacía, sin contenido, las personas que visiten tu perfil no van a tener motivos para seguirte.

2.Las personas siguen a otras cuentas para ver los contenidos que publican.

¡Si tu contenido es tan bueno que nadie quiere perdérselo, no van a dudar en seguirte!

3. Cada publicación es una nueva oportunidad para que otras personas te conozcan, interactúen contigo, empiecen a seguirte y te compren.

4. El contenido es el mejor "feedback". Cada vez que publicas podrás conocer mejor a tu audiencia, identificar los temas que más les interesa y aquellos que no.

Además, ¡Con cada contenido te volverás mejor!

El contenido es **publicidad gratis.**

Distintos formatos de contenidos.

Publicaciones únicas Las publicaciones únicas son publicaciones de 1 sola imagen. ¡Son fáciles de crear!

Carruseles Permiten usar hasta 10 "diapositivas" y son ideales para educar, conectar y vender.

Videos

Instagram te permite publicar vídeos de hasta una hora.

Historias

Las historias duran 24hs. Son ideales para conectar con tu audiencia y vender.

Reels

Los reels son videos verticales cortos de hasta 60 segundos. ¡Tienen un gran alcance!

¡Elige tus formatos favoritos!

Nosotros crecimos nuestra cuenta con carruseles y reels.

La importancia del storytelling.

El Storytelling es el arte de contar historias para generar un vínculo emocional con tu audiencia, lograr que se sientan identificados con tu marca y deseen comprar tus productos y servicios.

Entonces, ¿Cómo puedes aplicar el storytelling a tus publicaciones e historias para llamar la atención de tu audiencia, generar interacciones y despertar su deseo de compra?

A continuación, te presentamos nuestro método favorito:

AVL.

Este método consiste en primero llamar la **"Atención"**, segundo entregar **"Valor"** a través de una historia, educando, compartiendo información valiosa para tu audiencia, y finalmente el **"Llamado a la acción"** para invitar a tu audiencia a que realice una acción.

¡Veamos cómo puedes aplicar este método a un carrusel!

Atención - El objetivo de la primera diapositiva es que los usuarios se detengan en tu publicación y deslicen el carrusel. ¡La curiosidad es clave!

Valor: Comparte información valiosa para tu audiencia.

Llamado a la acción: ¡Dile a tu audiencia lo que quieres que hagan! Ej. ¡Comparte esta publicación con un amigo!

Algunos tipos de publicaciones.

Enseñar

En nuestro caso en particular, crecimos nuestra cuenta principalmente basándonos en contenido educativo.

CÓMO CREAR UN PLAN DE CONTENIDOS

EL CÍRCULO DORADO DE SIMON SINEK

CÓMO CONSEGUIR NUEVOS SEGUIDORES

Puedes hacer una lista de preguntas frecuentes que tiene tu audiencia, y responder cada una de ellas en una publicación.

Algunas recomendaciones...

¡A la hora de enseñar, te recomendamos utilizar palabras fáciles de entender! El lenguaje técnico no ayuda.

Nuestros formatos favoritos para educar son los carruseles y videos ya que pueden ayudarte a desarrollar mejor una idea.

¡No incluyas muchos temas en una misma publicación! Menos es más.

Problema -> solución

Si conoces los problemas de tu audiencia, puedes utilizarlos para llamar su atención.

Por ejemplo, ¿Cansado de perder clientes? En esta publicación te muestro cómo puedes hacer para retener a tus clientes de por vida.

Luego de nombrar el problema, puedes pasar a brindarles la solución a ese problema.

¡Te recomendamos únicamente compartir soluciones que están probadas que funcionan.

Controversia

Las publicaciones controversiales son excelentes para llamar la atención de tu audiencia, polarizarla y llegar a nuevas personas.

Pero, ¡Ten cuidado! Pueden generar repercusión positiva, como negativa...

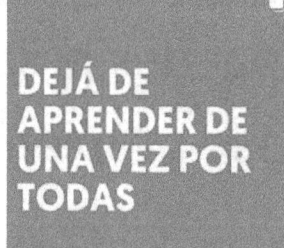

Antes y después

Puedes utilizar tu propia transformación y las de tus clientes.

Estas publicaciones son ideales para generar confianza en tus productos y servicios, ya que pueden demostrar su efectividad.

¡Aprovéchalas para conseguir clientes y generar ventas!

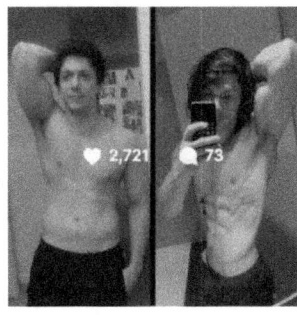 

Lista

Todos amamos las listas que incluyen información útil.

Debajo te dejamos algunos ejemplos que podrían funcionarte...

"X herramientas para X beneficio" "X tips para superar X dificultad" "X métodos para conseguir X resultado"

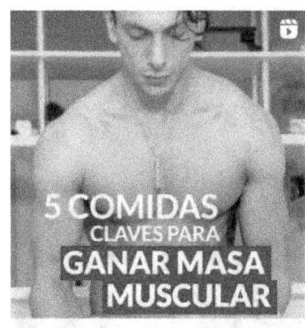

La estrategia ganadora de contenidos.

Como sabemos que publicar contenido de valor de forma constante puede ser difícil, queremos darte un paso a paso para hacértelo lo más fácil y sencillo posible.

A continuación, te vamos a compartir una serie de pasos que pueden ayudarte a ganar claridad, aprovechar mejor tus tiempos y conseguir resultados.

¡Esto es lo más importante de todo!

1 | ¿Qué quieres lograr?

2 | ¿A quién le hablas?

3 | ¿Qué está funcionando en tu sector?

4 | ¿Tienes material disponible para aprovechar?

5 | ¿Qué deben incluir cada una de tus publicaciones?

Número 1

Todo el contenido debe tener un propósito detrás

Esto puede ser...

Conseguir nuevos seguidores, fidelizar a tu audiencia, que te contacten, generar ventas, que se suscriban a tu newsletter, etc.

Antes de pensar en qué contenido crear, queremos que pienses en **cuál es el objetivo que quieres conseguir** con ese contenido en particular.

Número 2

Piensa para quién publicas

Es muy importante tener en claro a quién le estás hablando.

Si no conoces a tu audiencia, es imposible saber qué contenido crear, cómo llamar su atención, qué producto o servicio ofrecer, entre otros.

Número 3

¿Qué están haciendo las personas que están teniendo éxito en tu sector?

¿Qué tipo de contenido publican? ¿En qué formato? ¿Cada cuánto? ¿Qué historias suben? ¿Qué preguntas hacen? Etc.

Lo bueno de Instagram es que puedes entrar al perfil de tus competidores y ver qué tipo de contenidos están funcionando bien y modelarlo, **creando tus propias versiones.**

Número 4

¿Tienes material para aprovechar?

Aquí lo importante es identificar si existe la posibilidad de crear contenido con menor esfuerzo.

¿Ya estás creando contenidos para otras redes sociales que puedas aprovechar? ¿Tienes videos en YouTube? Entonces, puedes **tomar ese contenido y luego convertirlo en un video para Instagram,** por ejemplo.

¿Tus clientes comparten contenido de tu marca? ¿Tienes fotos de las transformaciones de tus clientes? ¿Tienes material que puedas aprovechar para publicar en tu cuenta?

Número 5

¿Cómo hacemos publicaciones increibles?

Te recomendamos aprovechar todas las oportunidades que brinda la plataforma para conseguir mejores resultados.

Ubicación

Te puede ayudar a que te encuentren más fácilmente.

Contenido

Tu contenido debe hacer que las personas se detengan en tu publicación, la consuman e interactúen.

Descripción

La descripción debe incluir un título que llame la atención, valor y un llamado a la acción.

Hashtags

Utiliza 30 hashtags. Invierte tiempo en encontrar los adecuados.

Una vez que estés listo para empezar:

6	Crea una lista de publicaciones potenciales
7	Define tu calendario
8	Crea todos tus contenidos
9	Programa
10	Analiza y mejora

Número 6

Crea una lista de publicaciones potenciales

Nuestra recomendación es empezar pensar todas las ideas de antemano.

Si creas una lista con todos los contenidos que se te ocurren, va a ser mucho más fácil crearlos en 2 o 3 días.

Esto podría incluir:

Títulos, frases, imágenes, tutoriales, temas que quieras compartir, experiencias, preguntas frecuentes, ideas, etc.

Número 7

Define tu calendario de contenidos

Una vez listas las ideas, te recomendamos armar un calendario para saber qué publicar y cuándo.

De esta forma, será más fácil mantener la constancia.

¡Si quieres conseguir resultados, debes encontrar la manera de ser constante!

Ahora, ¿Cuántos contenidos debes publicar por mes?

Frecuencia de publicación.

Lo ideal es publicar por lo menos una vez al día en el horario que tu audiencia se encuentre más activa.

Existen cuentas que publican varias veces al día, y a pesar de que puede ayudarte a crecer más rápido, si no cuentas con un equipo de creadores de contenido, va a ser insostenible en el tiempo.

Debes ver el crecimiento como una maratón, no una carrera.

¡Elige una frecuencia de publicación que puedas mantener!

¿Cómo puedes hacer para publicar 1 vez al día?

Algo que puede ayudarte es bloquear un día por semana para crear el contenido de los próximos 7 a 14 días.

Con respecto a las historias, no van a ayudarte a crecer tu cuenta más rápido pero si a fidelizar a tu audiencia y vender más.

Recomendamos publicar varias historias por día, distribuidas a lo largo del día. Es decir, 1 a 3 por las mañanas, luego al mediodía, por la tarde y a la noche.

Número 8

Elige un día para crear todos tus contenidos

Elige un día por semana, o cada dos semanas para crear tus contenidos.

Si creas tus contenidos en el día a día pueden surgir imprevistos.

Nosotros recomendamos fijar días específicos para **crear la mayor cantidad de contenidos posibles.**

¡De esta forma podrás evitar distracciones y ser más eficiente!

Número 9

Programa todas tus publicaciones

Al programar tus contenidos, no tendrás que estar pendiente de ellos en el día a día.

Una vez que hayas creado todos tus contenidos, te recomendamos reservarte algunas horas para programar todas tus publicaciones.

Puedes programar tus publicaciones desde el **"Creator Studio"** o utilizar una herramienta externa permitida por Facebook.

Número 10

Analiza los resultados y mejora

La clave para crecer es identificar qué es lo que te está funcionando y duplicar tus esfuerzos en ello.

¡Es muy importante medir el rendimiento de cada uno de tus contenidos e identificar patrones comunes!

¿Qué temas generan más interacciones? ¿Qué formatos? ¡Enfócate en lo que mejor funciona, mientras pruebas cosas nuevas!

Las 2 formas de crear contenido

Existen 2 formas de crear contenido:

La **primera** es pensar las ideas de cero, sin saber cómo va a reaccionar tu audiencia.

La **segunda** es ver cuáles son los temas que le interesan a tu audiencia, para luego poder crear contenido hablando sobre ello.

Ahora, ¿Cómo puedes ver los temas que le interesan?

Investigar a tus competidores en Instagram.

Lo primero que puedes hacer es agarrar tu lista de competidores, visitar cada uno de los perfiles y ver cuántas interacciones tienen en promedio sus publicaciones, y luego identificar cuáles son las publicaciones que tuvieron muchas más interacciones que el resto.

De esa forma, podrás ver cuáles son los temas que le interesan más a tu audiencia, y **desarrollar publicaciones basándote en tu experiencia y conocimientos.**

Investigar las publicaciones que están posicionando en los hashtags.

Puedes ir a la sección explorar, buscar un hashtag y ver cuáles son las publicaciones destacadas para ese hashtag, es decir las que mejor funcionaron.

Si todavía no conoces bien tu audiencia, te recomendamos investigar primero otras cuentas y ver qué está funcionado.

Crear tu propia versión de algo que está funcionando en este momento no significa copiar.

La estructura de tu contenido.

Sin importar si estás creando carruseles, videos, historias, u otros contenidos, la estructura va a ser siempre la misma.

- **Llamar la atención**
- **Aportar valor**
- **Llamado a la acción**

Veamos cada una de las partes en detalle.

1   Llamar la atención

El objetivo de la primera diapositiva de un carrusel, la primera historia, o los primeros 3 segundos de un video, es llamar la atención.

Si no logras llamar la atención, las personas no se van a detener a ver el resto de tu contenido.

Lo primero que observa una persona es lo más importante.

Si no logras llamar la atención, por más valioso que sea tu contenido, nadie lo va a ver.

2 Aportar valor

Una vez que lograste llamar la atención de tu audiencia es momento de aportar valor.

¡Este es tu momento de brillar!

Puedes contar una historia, enseñar, motivar / inspirar o entretener a tu audiencia.

Aquí podrás despertar el interés de tu audiencia y deberás revelar lo que tienes para dar.

¿Qué tipo de contenido podemos crear para aportar valor?

Educar, Motivar o Entretener

Educar

Cuando hablamos de educar, estamos haciendo referencia a enseñarle algo que le interese a tu audiencia. Esto puede ser; tutoriales, tips, hacks, trucos, claves, entre otros.

Motivar

Implica ayudar a tus seguidores a tomar acción. Podemos encontrarlo en aquellas publicaciones que muestran transformaciones, resultados, entre otros.

Entretener

Otra forma de aportar valor es a través del entretenimiento. Esto puede darse en forma de memes, bailes, bromas, etc.

3   Llamado a la acción

Si no agregas llamados a la acción tu audiencia no va a hacer nada.

Elige un llamado a la acción dependiendo de tu objetivo.

¿Quieres que compartan tu publicación? ¿Visiten tu web? ¿Te contacten? ¡Dilo!

Contenido generado por usuarios.

¿Qué es el contenido generado por usuarios?

El contenido generado por usuarios es aquel que publican otros usuarios o clientes sobre tu marca.

Puede ser una foto o video de alguien usando tus productos o servicios, mostrando la transformación que logró, entre otros.

¿Por qué es tan poderoso?

El contenido generado por usuarios puede ayudarte a "humanizar" tu marca, construir una relación más estrecha con tu audiencia, y a ahorrar tiempo.

Puedes utilizar este contenido para publicar en tu cuenta, así como también para tus campañas de email marketing, sitio web, anuncios en Facebook, etc.

Cuanto más transparente y real se vea, mejor.

Ahora...

¿Cómo podemos incentivar a los usuarios y clientes a crear y compartir contenido de nuestra marca?

La forma más fácil y efectiva es a través de un **incentivo.**

Un incentivo puede ser un descuento, la posibilidad de ganarse un premio, entre otros.

Si vendes productos físicos puedes enviarle una tarjeta física dentro del paquete que diga: "No olvides compartir tu foto usando @nombredemarca para conseguir un 20% de descuento en tu próxima compra."

También puedes enviarles un mensaje similar a través de email.

No todas las personas van a compartir una foto o video de tu marca, pero un % posiblemente si, y cuanto más ventas tengas, más probabilidades vas a tener de conseguir contenido generado por usuarios.

¡Es la mejor forma de conseguir contenido gratis para tu marca!

Si todavía no lo estás implementado, es tu momento de empezar a aplicarlo en tu marca.

Módulo 05

Métricas e interacciones.

Distintos tipos de métricas e interacciones.

Si no medimos correctamente el rendimiento de nuestros contenidos, no vamos a poder identificar si nuestra estrategia está funcionando o no.

Con un perfil de empresa, vas a poder encontrar información valiosa de tus seguidores, qué es lo que está ocurriendo con tu perfil, publicaciones e historias.

¡Aprovéchala!

Podemos dividir las métricas en 3 grandes grupos:

➤ Aquellas que engloban todo tu perfil. Incluyen todos los datos de tu cuenta.

➤ Las que brindan información sobre tus seguidores o audiencia.

➤ Las que pertenecen a las propias publicaciones. Son métricas individuales para cada una de tus publicaciones e historias.

Pasos para analizar las métricas:

(1) Ingresa a tu perfil y toca en "estadísticas".

(2) En "resumen" vas a poder ver aquellas métricas que engloban todo tu perfil.

(3) Vas a poder elegir entre "cuentas alcanzadas", "cuentas que interactuaron" y "total de seguidores".

(4) Al ingresar en cada una de ellas podrás elegir el plazo que quieres visualizar.

¿De qué trata cada una de las métricas?

Cuentas alcanzadas

Esta es la cantidad de cuentas únicas que alcanzaste en el plazo seleccionado.

Impresiones

Las impresiones representan la cantidad de veces que se mostraron tus publicaciones.

En la mayoría de los casos, vamos a tener más impresiones que cuentas alcanzadas, ya que cada cuenta puede visualizar varias veces un mismo contenido.

Visitas al perfil:

Hace referencia al número de veces que las personas ingresaron a tu perfil.

Interacciones:

Aquí vas a poder ver la cantidad de cuentas que interactuaron con tu cuenta y tus publicaciones.

¡Observemos los distintos tipos de interacciones!

 Los "me gusta" son el tipo de interacción más fácil de conseguir, ya que los usuarios pueden darte un "me gusta" con mínimo esfuerzo.

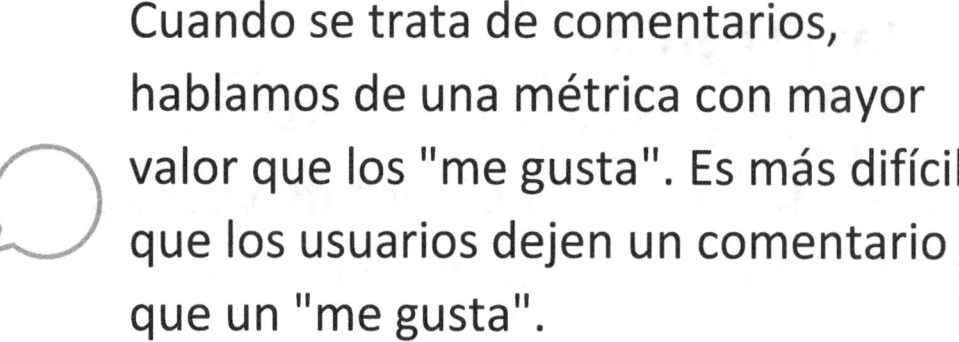 Cuando se trata de comentarios, hablamos de una métrica con mayor valor que los "me gusta". Es más difícil que los usuarios dejen un comentario que un "me gusta".

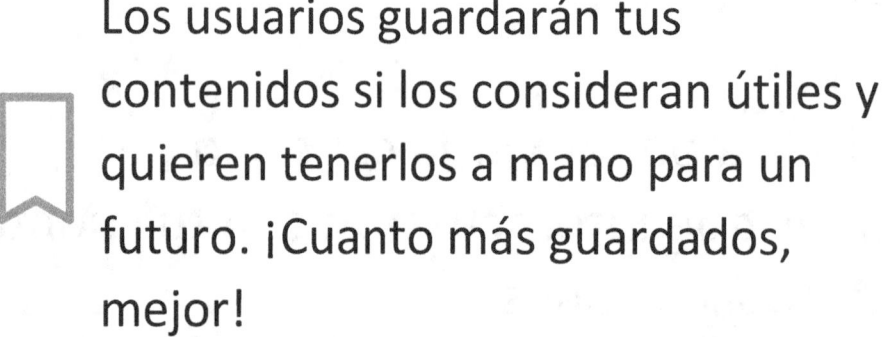 Los usuarios guardarán tus contenidos si los consideran útiles y quieren tenerlos a mano para un futuro. ¡Cuanto más guardados, mejor!

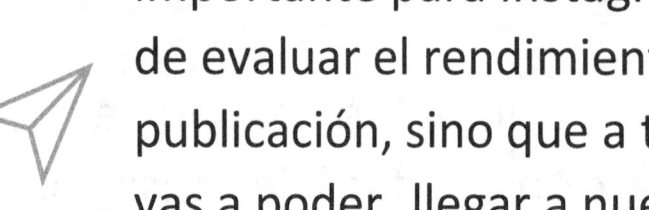 Veces compartido: No solo es importante para Instagram a la hora de evaluar el rendimiento de tu publicación, sino que a través de ello vas a poder llegar a nuevos usuarios que todavía no te conocen.

Módulo 06

Estrategias de crecimiento.

Existen varias acciones que te pueden ayudar a hacer crecer tu cuenta:

1 | Hashtags

2 | Interacción

3 | Colaboraciones

4 | Sorteos y desafíos

5 | Publicaciones promocionadas

Cómo utilizar hashtags para crecer.

¿Qué son los hashtags?

Los hashtags son etiquetas que puedes ponerle a tus contenidos para que otras personas te encuentren más fácilmente.

¡Trata de incluir la máxima cantidad de hashtags relevantes posibles en tus publicaciones!

¿Por qué son tan importantes los hashtags?

Por un lado, **los usuarios pueden seguir hashtags**, esto significa que si incluyes un hashtag en una publicación, se le puede mostrar a otros usuarios que no siguen tu cuenta pero siguen ese hashtag en particular.

Por otro lado, existe una gran cantidad de **personas que buscan hashtags.** Y si tu publicación tiene un buen rendimiento, Instagram puede mostrar tu publicación en los resultados de búsqueda.

Para cada hashtag existen Recientes y Destacados

En **"recientes"** aparecen las últimas publicaciones que incluyen ese hashtag.

En **"destacados"** se encuentran las publicaciones con mejor rendimiento y más relevantes para ese hashtag.

Cada vez que publicas con hashtags, tu publicación va a aparecer en recientes. Si a los usuarios les gusta e interactúan con ellas, competirás para aparecer en los destacados.

¿Cómo podemos encontrar los mejores hashtags para nuestras publicaciones?

Investigación.

Existen distintos tipos de hashtags, basados en la audiencia, intereses, ubicación, entre otros.

En la sección explorar, al buscar un hashtag, podemos ver la cantidad de publicaciones que lo incluyen.

Cuantas más publicaciones incluyan ese hashtag, más difícil será aparecer en los destacados.

Nuestra herramienta favorita para crecer tu cuenta con hashtags es Flick.

Flick incluye todas las funcionalidades que necesitas relacionadas a hashtags..

Te permitirá descubrir nuevos hashtags para tus publicaciones, entender cuáles son aquellos que están funcionando y cuáles no, identificar aquellos hashtags que están prohibidos por la plataforma, entre otros.

¡Probamos distintas herramientas de hashtags pero ninguna es tan completa como Flick!

Elegir el grupo correcto de hashtags.

Si recién estás comenzando te recomendamos que elijas 20 hashtags medianos y 10 hashtags pequeños.

¿A qué nos referimos con hashtags medianos y pequeños?

Lo ideal es crear un grupo de 30 hashtags, de los cuales:

\# **Pequeños:** 100k publicaciones

\# **Medianos:** 100 a 500k

\# **Grandes:** +500k publicaciones

Elige los hashtags dependiendo del tamaño de tu audiencia

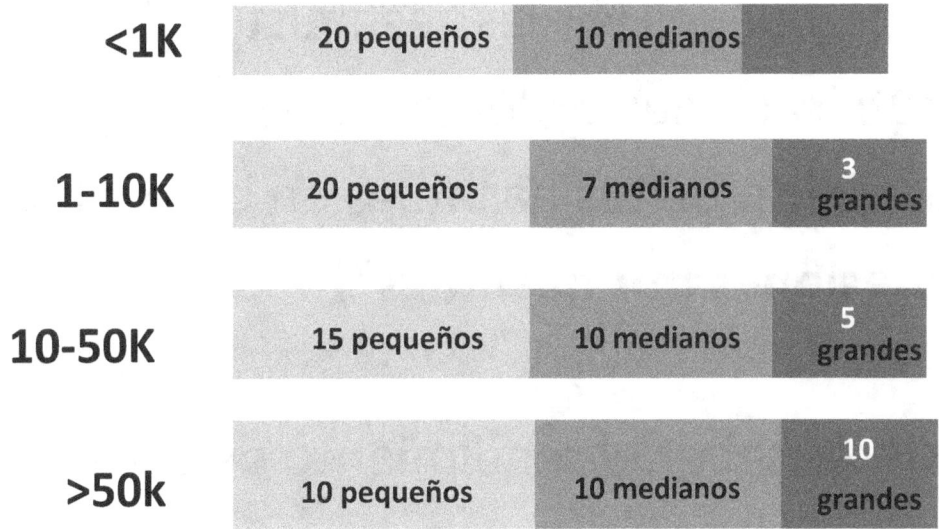

<1K 20 pequeños 10 medianos

1-10K 20 pequeños 7 medianos 3 grandes

10-50K 15 pequeños 10 medianos 5 grandes

>50k 10 pequeños 10 medianos 10 grandes

Si vas a Flick, en "Colecciones" vas a poder usar el "Randomizer" para seleccionar hashtags al azar.

Luego podrás apretar "Copy" y te los copiará para que puedas pegarlos fácilmente en tus publicaciones.

Medir y analizar resultados.

Si tienes un perfil de negocios o de creador, puedes ver las "estadísticas" de tus publicaciones e identificar el rendimiento de tus hashtags en base a las **"impresiones por hashtags"**.

Si quieres saber el rendimiento de cada hashtag individual, te recomendamos que accedas a **Flick,** ya que te permitirá ver métricas que no se encuentran disponibles en Instagram para todos los usuarios.

Importante.

Tus hashtags no funcionarán de la misma forma para cada uno de tus contenidos. Ya que el rendimiento de cada una de tus publicaciones será único y cada hashtag será más o menos relevante según la publicación.

¡Modifica tus hashtags!

Te recomendamos no usar exactamente los mismos hashtags para todas tus publicaciones.

Puedes mezclar hashtags que ya utilizaste con hashtags nuevos.

La fórmula secreta de interacción para crecer.

Cuando recién estás comenzando, puede ser difícil que otras personas visiten tu perfil y empiecen a seguirte e interactuar con tus contenidos.

Esta estrategia te puede ayudar atraer potenciales seguidores a tu perfil de forma constante.

Esta fue la estrategia que mejor nos funcionó a la hora de conseguir nuestros primeros 10k seguidores.

Empecemos.

Paso 1

Lo primero que debes hacer es definir **quiénes son tus principales competidores y las cuentas de Instagram líderes en tu mercado.**

En el capítulo "Hackeando a tus competidores" hablamos de cómo crear esta lista de competidores.

Paso 2

Lo segundo, debes seguir a todas esas personas y activar las notificaciones para estar al tanto cada vez que publican.

Puedes hacerlo ingresando a cada perfil -> notificaciones y podrás elegir cuándo quieres recibir notificaciones.

Paso 3

Vamos a dejar un comentario que aporte valor en cada una de sus publicaciones.

De esta forma, tu comentario podrá ser visto por miles de personas interesadas en tu mercado. Y si escribes algo valioso y demuestras tu experiencia, otras personas van a ingresar a tu perfil para ver a qué te dedicas.

Por otro lado, si tienes suerte y a tus competidores les gusta tu comentario, pueden fijarlo por encima de todos los comentarios.

Paso 4

Ver quiénes son las personas que interactúan con las publicaciones de las cuentas líderes de tu sector.

Ingresa al perfil de cada una de esas cuentas "no tan conocidas" y deja un comentario positivo en alguna de sus publicaciones.

Las personas que no son muy conocidas en Instagram no suelen recibir comentarios positivos de personas que no conocen.

Esto va a llamar su atención y va a hacer que visiten tu perfil. Luego, si les gusta tu contenido, te empezarán a seguir.

Te recomendamos implementar esta estrategia en intervalos de no más de 30 minutos, 2 a 4 veces al día.

Cómo crecer tu cuenta con colaboraciones e influencers.

Una excelente forma de hacer crecer tu cuenta es apalancándote de las audiencias de otras cuentas en tu mismo sector.

Esta estrategia consiste en contactar a otras cuentas cuyos seguidores podrían estar interesados en tus contenidos y establecer un acuerdo de beneficio mutuo.

Dentro de esta categoría, existen 3 formas distintas de trabajar con otras cuentas e influencers para hacer crecer tu cuenta.

A continuación, desarrollamos cada una de estas formas en detalle.

1 **Colaboración gratis**

2 **Canje**

3 **Colaboración paga**

1   **Colaboración gratis**

Las colaboraciones gratis consisten en encontrar cuentas similares o influencers dentro de tu sector que tengan una audiencia con un tamaño similar a la tuya.

La idea es que ambas cuentas se promocionen entre sí a sus audiencias para así poder crecer.

Esto puede hacerse a través de una serie de historias, publicación, vivo, entre otros.

¿Cómo puedes hacerlo?

Paso 1

Busca otras cuentas con las que te sientas cómodo/a haciendo una colaboración.

Piensa que tus seguidores van a estar viendo los contenidos de la otra cuenta.

Paso 2

Envíales un mensaje para iniciar una conversación y ofrecerles hacer una colaboración. Ej.

"Hola [Nombre],
¡Me encanta tu contenido! ¿Te gustaría hacer una colaboración?"

Paso 3

Una vez que lleguen a un acuerdo...

Debes elegir qué contenido vas a
enviarle para que publique o
promocione la otra cuenta.

**¡Te recomendamos enviarle el
contenido que mejor resultado haya
conseguido en tu cuenta!**

Si funcionó en tu cuenta, posiblemente
también funcione en la otra, y eso va a
ayudarte a conseguir mayor exposición.

¡Asegúrate que ambos se etiqueten
y mencionen en la descripción!

Las colaboraciones, no necesariamente tienen que ser "Publicación por publicación".

También puedes utilizar historias, hacer vivos, entre otros.

¡Si tienes una marca personal puedes juntarte en persona, tomar una foto y que ambos la suban!

2 Canje

El canje consiste en regalar un producto o servicio a cambio de que la otra cuenta te promocione.

3   Colaboración paga

Las colaboraciones pagas consisten en pagarle a otras cuentas para que promocionen tu cuenta, productos o servicios.

Puedes acordar un valor fijo por publicación o historia, o un % sobre las ventas que generen.

¿Cómo trabajar con los influencers correctos.

Si vas a trabajar con influencers, necesitas asegurarte de trabajar con las personas indicadas para no perder tiempo, ni dinero.

Todos los días nos encontramos con personas que dicen que trabajaron con influencers y no consiguieron resultados.

Generalmente, esto ocurre porque no saben cómo buscar ni elegir a las personas correctas.

¿Cómo buscar a los influencers correctos?

Primero piensa en el resultado que genera, o el problema que resuelve tu producto o servicio.

Sea lo que sea, queremos encontrar influencers que cuenten con una audiencia que pueda estar interesada en tus productos o servicios.

Esto es extremadamente importante.

Puedes empezar fijándote a qué influencers siguen tus seguidores y clientes.

También puedes ir a la sección explorar, buscar hashtags o tu ubicación y ver las publicaciones que figuran dentro de "destacados".

Generalmente, las publicaciones que aparecen en esta sección pertenecen a cuentas grandes.

Ahora podrás ingresar a cada una de estas cuentas y determinar si te interesa que promocionen tu marca o no.

Existen dos tipos de Influencers.

Los micro y los macroinfluencers.

Los microinfluencers

Cuentas que tienen entre 5000 seguidores y 50.000 seguidores. Estas cuentas suelen estar más dispuestas a hacer colaboraciones gratis o canjes.

Los macroinfluencers

Cuentas que tienen más de 50.000 seguidores. Estas cuentas suelen estar más dispuestas a hacer canjes o colaboraciones pagas.

Va a depender de cuán interesado/a esté en tu producto o servicio. Si tienes un producto o servicio de un alto valor, posiblemente puedas negociar y hacer canjes.

Factores a tener en cuenta:

Tasa de interacción

Hay muchísimas herramientas que te permiten ver si la tasa de interacción de un influencer es buena.

Entre ellas estan: Social Blade
Notjustanalytics, y Hypeauditor.
Verifica que el influencer tenga una
tasa de interacción buena.

Valores

Otro factor a tener en cuenta es si los
valores del influencer se alinean con los
de tu marca. Si el influencer comunica
algo que tu marca no comparte, puede
dañar tu imagen.

Ubicación geográfica

Si tienes una tienda online que no
hace envíos a todo el mundo no tiene
sentido pagarle a un influencer de
otro país

¿Cuánto pagarle a un Influencer?

Lo importante es maximizar tu retorno de tu inversión.

Para ello, te recomendamos tratar de reducir tu riesgo lo máximo posible y ofrecerles hacer una prueba para ver si te funciona antes de pagarles varias publicaciones o historias.

Por ejemplo, a aquellas cuentas que tengan 50,000 o menos de 100,000 seguidores, puedes empezar ofreciendo un producto o servicio gratis, y si te da resultado, pasar a colaboraciones pagas.

Siempre es bueno probar a cada influencer primero, en la medida que sea posible, antes de comprometerte a algo que no sabes si va a funcionar.

También debes tener en cuenta que la primera publicación de cada influencer generalmente va a tener un mejor rendimiento que las próximas.

¡Es preferible trabajar con 10 influencers, que 10 veces con el mismo influencer!

¿Cómo elegir con qué influencer trabajar?

Es muy simple.

Primero debes contactar a todos los influencers que te parezcan relevantes.

¡Idealmente, trata de hacer un canje a cambio de exposición por parte de ellos!

Si solo trabajan a cambio de dinero, puedes proponerles trabajar a % de ventas que generen...

Y si únicamente trabajan con un monto fijo, puedes pedirle las distintas tarifas, como también las métricas de su cuenta y publicaciones.

¡Y vamos a hacer esto mismo con muchos influencers para volcar los datos en una tabla!

En la primera columna vas a incluir el alcance promedio de sus publicaciones e historias, luego la cantidad de interacciones promedio que tienen, y por último sus precios.

Ahora divides el alcance promedio, por el precio por publicación o historia y podrás identificar cuáles son los influencers más baratos en relación con su alcance.

Listo, ¡Ahora sabes cuáles son los influencers más rentables con relación a su alcance!

Mejores prácticas.

Si vendes a través de un sitio web,
puedes medir el retorno de inversión
dándole un código de descuento único a
cada influencer para poder identificar
cuántas ventas generaron.

Asegúrate de que etiqueten tu cuenta
en la publicación, te mencionen en la
descripción y que muestre tu
producto o servicio en un primer
plano.

**¡No te olvides de pedirles que
publiquen en el horario que esté más
activa su audiencia!**

Sorteos y desafíos.

Los sorteos y desafíos son excelentes para incentivar a tu propia audiencia a que te ayude a atraer nuevos seguidores.

Los **sorteos** consisten en sortear un premio a cambio de que las personas te sigan y ayuden a compartir tu cuenta mencionando a amigos.

Los desafíos requieren un trabajo extra por parte de los participantes.

Las personas compiten entre sí en un plazo para ganar el premio.

¿Cómo conseguir resultados con ellos?

Para que tus sorteos y desafíos sean un éxito debes entender...

(1)   ¿A quién quieres atraer?

(2)   ¿Qué premio elegir?

(3)   ¿Cuáles serán las condiciones?

(4)   ¿Cómo puedes potenciar los resultados?

(1) ¿A quién quieres atraer?

Sin importar si vas a organizar un sorteo o un desafío, debes tener en claro a quién quieres atraer.

(2) ¿Qué premio elegir?

¿Cuál es el premio ideal para atraer a tu cliente ideal?

¡Cuanto más atractivo sea el premio, o más chances tengan las personas de ganar, mejor!

No queremos elegir un premio que atraiga a cualquiera. Ej. dinero.

¿Cuáles serán las condiciones?

(3)

Puedes elegir las condiciones dependiendo del objetivo.

Si quieres ganar seguidores, una de las condiciones debería ser que los participantes te sigan.

Existen desafíos en donde las condiciones para participar son tomar la mejor foto sobre x y publicarla etiquetando a la cuenta de la marca y utilizando el hashtag de la marca para luego poder encontrarla.

¡Cuanto menor sea el esfuerzo de los participantes, mejor!

(4) ¿Cómo puedes potenciar los resultados?

Los sorteos y desafíos pueden estar limitados por el tamaño de tu audiencia.

Si tienes 10 seguidores y organizas un sorteo o desafío, no vas a conseguir grandes resultados...

¡Pero existe una forma de potenciar los resultados!

Puedes promocionar tu sorteo o desafío con anuncios e incluso utilizar influencers para llegar a más personas.

Publicaciones promocionadas y anuncios en Facebook Ads.

¿Qué es una publicación promocionada?

Una publicación promocionada es una publicación en la cual inviertes dinero para que llegue a personas que no te conocen.

Esto se puede hacer directamente desde tu cuenta de Instagram con el botón "Promocionar".

Cada vez que promociones una publicación de tu cuenta, la plataforma te permitirá definir algunas variables...

Entre ellas, encontramos:

1   **A quién quieres llegar.** Puedes elegir a qué público quieres que se le muestre tu publicación.

2   **El presupuesto que quieres gastar.** Es decir cuánto dinero que invertir en esa publicación en particular.

3 La duración de la promoción. Puedes elegir por cuántos días quieres que se mantenga activa la promoción que configuraste.

¿Qué es un anuncio de Facebook ads?

A pesar de que las publicaciones promocionadas son consideradas como anuncios, los anuncios de Facebook ads se crean desde otro lugar.

Para crear anuncios de Facebook ads debes ingresar al administrador de anuncios de Facebook.

Aquí podrás crear campañas con objetivos específicos, medir el comportamiento de los usuarios con mayor precisión, apuntar anuncios a públicos determinados, entre otros.

¿Qué otras cosas puedes hacer con los anuncios de Facebook?

◆ **Elegir distintas ubicaciones:** Vas a poder elegir exactamente en dónde quieres que se muestren tus anuncios. Por ejemplo, en el feed de Facebook, feed de Instagram, historias, entre otros.

◆ **Elegir objetivos publicitarios específicos:** Vas a poder elegir el tipo de campaña que mejor se adapte a tus objetivos (alcance, mensajes, conversiones, interacciones, etc.)

Las publicaciones promocionadas son mucho más limitadas en este sentido.

◆ **Mantener el control sobre el contenido:** A diferencia de las publicaciones promocionadas, en el administrador de anuncios puedes crear anuncios desde cero, que se adapten a tus objetivos.

◆ **Usar opciones de segmentación avanzadas:** Al promocionar publicaciones, podrás decidir los intereses, sexo e intervalo de edades de tu público objetivo, mientras que el administrador de anuncios, te permitirá utilizar públicos personalizados, audiencias similares y mucho más.

Ahora,

¿Qué es mejor?

¿Promocionar publicaciones o crear anuncios desde el administrador de anuncios?

¡Depe
nde del
objetivo
que
tengas!

En el 99% de los casos, recomendamos crear campañas desde el administrador de anuncios.

Pero si estás buscando que nuevas personas visiten tu perfil, puedes utilizar el botón "Promocionar" en aquellas publicaciones que tuvieron mejores resultados.

No necesitas anuncios para hacer crecer tu cuenta, pero si quieres acelerar el proceso, los anuncios pueden ayudarte.

Este es tu momento de tomar acción.

Nada de lo que aprendiste te será útil si no lo implementas.

¡Te deseamos muchos éxitos!

www.ingramcontent.com/pod-product-compliance
Lightning Source LLC
Chambersburg PA
CBHW080913220526
45467CB00024BA/2225